ÉDUCATION

DES SOURDS-MUETS,

MISE A LA PORTÉE

DES INSTITUTEURS PRIMAIRES ET DE TOUS LES PARENTS.

ÉDUCATION
DES SOURDS-MUETS,

MISE A LA PORTÉE

Des Instituteurs primaires et de tous les Parents;

COURS D'INSTRUCTION ÉLÉMENTAIRE

DANS UNE SUITE D'EXERCICES GRADUÉS, EXPLIQUÉS PAR DES FIGURES.

Ire PARTIE. — PRINCIPES.

PARIS. — IMPRIMERIE DE BÉTHUNE, RUE PALATINE, N° 5.

1831.

AVANT-PROPOS.

Je ne perdrai pas le temps à rajeunir sous des couleurs nouvelles le tableau si souvent tracé de la triste condition des Sourds-Muets privés d'instruction. A qui est-il besoin de rappeler combien ils ont de titres à notre intérêt ; non pas à cet intérêt de froide curiosité qui pousse la foule au spectacle des séances publiques ; non pas à cet intérêt de pitié stérile et presqu'humiliante qui s'étale en larmoyantes périodes et s'évapore en exclamations de sensiblerie ; mais à cette sympathie généreuse, active, qui honore celui qui en est l'objet comme celui qui en est animé? Que pourrais-je ajouter à tout ce qui a été dit et redit sur la nécessité d'instruire tous les Sourds-Muets? Faut-il répéter ces lieux communs usés sur les avantages de l'éducation qui retire ces malheureux de l'abrutissement et du désespoir où ils étaient destinés à traîner le fardeau d'une inutile existence, et les rend aux devoirs du citoyen, à la jouissance des droits sociaux et à la dignité de la vie morale? Eclatant triomphe de l'art, mais dont nous avons peu sujet de nous glorifier! Si l'on peut citer quelques Sourds-Muets que l'éducation a replacés honorablement à leur rang dans la société, ne semblent-ils pas là, comme une rare exception, comme un reproche vivant qui rappelle sans cesse ce qu'on aurait pu faire pour tous et qu'on n'a pas fait. Je n'ai pas le cœur de vanter un bienfait que de tant de milliers de malheureux implorent en vain.

L'épigraphe de mon *Manuel d'Enseignement pratique*, annonçait le but où tendaient depuis long-temps tous mes travaux. J'essaie aujourd'hui de réaliser le vœu qu'elle renferme; je veux *populariser* l'instruction des Sourds-Muets; je veux *simplifier* la *méthode* et la rendre *assez facile pour qu'une mère de famille puisse apprendre à son enfant Sourd-Muet à lire, comme elle apprend aux autres à parler*. Entreprise chimérique, s'est-on déjà écrié à la seule inspection du titre de cet ouvrage! J'espère qu'au jour de l'expérience, quand on verra combien les procédés sont simples, et les résultats certains; dans cette entreprise qui ne paraît aujourd'hui qu'un beau rêve, on ne trouvera plus d'autre mérite que la pensée qui l'a inspirée, et la persévérance qui l'a mise à exécution. Jusque-là je dois m'attendre à bien des objections; car l'enseignement des Sourds-Muets est l'objet d'une foule de préjugés, non pas simples préjugés de peuple ignorant; mais préjugés de savants, mais préjugés séculaires et imposants qui ont dicté plus d'un arrêt à la justice (1).

Si nous en croyons de grands philosophes, la parole, ce merveilleux monument du génie de l'homme, serait un instrument indispensable pour mettre en jeu la raison qui l'a créée. L'intelligence de celui qui en est privé resterait sans ressort, sans moyen d'action. De cette opinion qui a servi la vanité de quelques instituteurs et qui domine l'esprit de quelques autres, sont sortis toutes ces subtilités dont a été surchargé l'enseignement des Sourds-Muets. On en avait fait une sorte d'art mystérieux, d'autant plus admiré qu'il paraissait en dehors des voies de la raison. Quant à nous, ce que nous trouvons à admirer dans l'éducation des Sourds-Muets, c'est que l'intelligence de ces enfans ait pu quelquefois se faire jour à travers le voile épais dont on l'enveloppait à plis redoublés (*). Au milieu de toutes ces vaines superfétations, j'ai vu leur

---

(1) M. Ledru en a tiré des arguments toujours victorieux dans les nombreuses plaidoiries où il a eu à défendre de malheureux Sourds-Muets, que l'ignorance, le besoin et le délaissement avaient amenés devant la Cour d'assises. Je suis heureux d'avoir cette occasion d'offrir à la reconnaissance des Sourds-Muets le nom de leur éloquent et généreux ami.

(*) Il se passe dans l'entendement une foule d'actes dont la délicatesse échappe à notre attention, et qui ne se révèlent

jeune esprit démêler quelques points solides, s'y accrocher, s'y fortifier et grandir ; j'ai vu se répéter ce vrai prodige de l'activité et de la force précoce de l'intelligence humaine; et je n'ai pas

à nous que par leurs résultats ; d'autant plus merveilleux qu'ils portent l'empreinte d'une raison supérieure, quoiqu'ils semblent s'opérer sans la participation et à l'insu même de la raison. Dans le fond de l'âme humaine, dans ce centre d'activité d'où elle peut tout voir sans se voir elle-même, réside une raison mystérieuse dont nous n'avons pas la conscience. C'est la partie la plus intime de notre *moi*. C'est cette raison, pour ainsi dire, instinctive qui, à l'origine de la société, a présidé à l'institution du langage, invention si prodigieuse que quelques philosophes la jugeant au-dessus de la puissance humaine, n'ont cru pouvoir l'expliquer que par l'intervention directe de la Divinité; c'est elle qui, chaque jour, au berceau de l'homme, lui révèle les secrets de ce même langage, et lui enseigne cet art jugé le plus difficile de tous, et que cependant l'homme le plus borné apprend d'une nourrice ignorante. C'est par cette faculté que nous avons appris tout ce que nous savons, en dépit d'ambitieuses méthodes auxquelles nous attribuons souvent le développement intellectuel qu'elles n'ont pu empêcher. C'est elle qui préside au choix de nos expressions, en règle la nuance et l'énergie selon le besoin de la pensée ; c'est elle qui nous dévoile l'erreur cachée dans le sophisme sous les formes de la vérité, et nous révèle souvent la vérité avant toute démonstration. C'est elle qui, au théâtre, au musée, à l'académie, prononce ces jugements équitables de la masse ignorante, dont chacun des juges serait fort en peine de rendre compte, et que les artistes et les savants peuvent tout au plus traduire par le raisonnement. Elle ne procède point par syllogisme, ni par aucune des formes extérieures et, pour ainsi dire, matérielles du raisonnement; mais sa marche n'en est pas moins assurée, ses indications moins promptes ni moins sûres.

eu de peine à reconnaître que pour faire avancer l'art, il n'était pas besoin de l'échafauder sur de savantes théories, qu'on n'avait qu'à le débarraser de ses entraves. C'est ce que j'ai essayé de faire dans *le Manuel d'enseignement pratique des Sourds-Muets* (*) L'expérience fortifiant chaque jour ma confiance au développement spontané de l'intelligence, je me suis convaincu

---

Nous ne fesons rien de bien que sous sa secrète influence, ou en suivant ses errements. Elle est le bon sens du peuple, la conscience de l'homme de bien, le goût de l'artiste, l'inspiration du génie. Elle se fortifie et grandit par l'exercice de la pensée, se nourrit des fruits de la réflexion, se les identifie, et les dérobe alors aux regards de l'attention et à l'action de la volonté. Ce n'est qu'en arrivant dans ce sanctuaire que les acquisitions intellectuelles deviennent proprement nôtres et pour ainsi dire nous-mêmes. L'instruction qui reste en dehors, n'est qu'une savante ignorance, ou tout au plus un vain luxe, bon à faire parade dans un salon; mais qui n'ajoute rien au développement de l'intelligence ni au perfectionnement de l'homme.

Cette faculté, dont le *sentiment de rapport* n'est, pour ainsi dire, que l'état passif, est indépendante de l'ouie et de la parole. Par elle le Sourd-Muet s'instruira comme l'enfant qui entend, si on lui fournit les matériaux de l'instruction.

(*) Une théorie n'est solide et lumineuse qu'autant qu'elle est l'expression de faits bien observés et bien coordonnés.

Que des esprits spéculatifs s'amusent à bâtir sur le vague des mots ; il n'est pas défendu de rêver, c'est un passe-tems bien innocent pour qui n'a rien de mieux à faire. Mais de pareils écarts ne seraient pas sans inconvénients dans des professeurs chargés de donner l'instruction élémentaire la plus simple à de pauvres Sourds-Muets.

I.   2

qu'il ne fallait que fournir des matériaux à l'activité intellectuelle du Sourd-Muet, et qu'il saurait les mettre en œuvre pour s'élever à la connaissance de la langue écrite, comme l'enfant ordinaire le fait pour la langue parlée. Ils ont l'un et l'autre la même intelligence : en les plaçant dans des circonstances analogues, on est en droit d'en attendre les mêmes résultats.

Rien ne prouve mieux la futilité de ces théories en l'air que le résultat *des conférences établies depuis 1827 entre les professeurs de l'un et de l'autre sexe de l'Institution Royale de Paris.* Elles avaient pour but de ramener l'enseignement à l'unité de méthode, et on est arrivé à vouloir livrer chaque professeur à sa méthode particulière. Voilà donc où en serait l'art après plus d'un demi-siècle de pratique.

S'il se trouve encore des instituteurs qui ne soient pas entièrement guéris de cette manie; pour les en dégoûter, on peut leur offrir un échantillon curieux récemment publié sous le titre de *Rapport sur un plan de nomenclature générale.* Je n'en fais mention que parce que ce rapport parait être l'essence, en quelques pages, des *conférences* depuis 1827. On sait que la *nomenclature méthodique* est le grand cheval de bataille à l'institution Royale; le grand Hippogriffe sur lequel on voudrait enfourcher la méthode pour lui faire prendre l'essor.... au pays de la lune. On conçoit qu'il doit être difficile de descendre de ces sublimes régions, à l'humble office d'une nourrice ou d'un modeste maître d'école.

ÉDUCATION

DES SOURDS-MUETS,

MISE A LA PORTÉE

Des Instituteurs primaires et de tous les Parents.

PLAN DE CET OUVRAGE.

Je n'ai que peu de mots à dire du plan de ce Cours d'instruction élémentaire. Ce n'est qu'une suite d'exercices gradués qui ne supposent aucune connaissance préliminaire , et dont chacun porte son explication dans les figures qui l'accompagnent ou dans les exercices qui le précèdent. Le Sourd-Muet n'aura, en quelque sorte , qu'à copier pour apprendre et comprendre plusieurs milliers de mots, plusieurs milliers de phrases et, par suite , toute la langue.

Cet ouvrage s'adresse plus particulièrement aux mères et aux sœurs des Sourds-Muets. La patience, la douceur et la complaisance ordinaires des femmes, cette particulière aptitude aux soins de l'enfance, par laquelle elles préludent de bonne heure aux devoirs pénibles de la maternité ; enfin leurs occupations et leurs habitudes plus sédentaires leur permettent de s'occuper de l'éducation de ces pauvres enfants dès l'âge le plus tendre, avec plus de suite et de persévérance. Le choix de telles institutrices dit assez que la méthode sera dégagée de toute théorie méthaphysique. Ce serait les rebuter dès les premiers pas, que de leur imposer pareille étude. Pour les personnes plus familières avec les abstractions, les principes sur lesquels reposent cet enseignement ressortiront assez de l'enchaînement des procédés, et encore mieux de leurs résultats. Il y a dans toute pratique méthodique une force instructive qui pénètre au fond de l'esprit presqu'à notre insu et indépendamment de tout raisonnement explicite. Les faits qui se développent sous nos yeux et, en quelque sorte sous nos mains, portent en eux une instruction positive que ne donne pas la théorie. Les principes généraux trouveront donc mieux leur place à la fin de ce cours ; ils en seront l'expression résumée. Ici ce ne serait qu'un luxe embarrassant et peut-être le sujet d'une oiseuse controverse. Une mère n'en a pas plus besoin pour l'éducation de son enfant Sourd-Muet que pour celle de ses autres enfants.

Ce serait bien ici, ou jamais, l'occasion de proclamer, avec presque tous les instituteurs, qu'il faut prendre pour modèle et pour guide la mère qui apprend à son enfant à parler. Mais ce précepte banal pourrait bien nous paraître suspect ; car chacun l'invoque et aucun ne l'observe.

Faut-il le prendre à la lettre ? on n'a qu'à le creuser un peu pour en découvrir le vide et la stérilité.

Mais si, *sous cette vague formule, on voulait entendre que nous devons, avec confiance, comme fait la mère, laisser travailler l'esprit de l'enfant en lui fournissant seulement des matériaux appropriés à ses forces, à son goût et aux résultats que nous voulons obtenir ; que l'esprit comme le corps ne se nourrit que de ce qu'il digère; qu'il ne nous est pas plus donné d'infuser des idées toutes faites dans le cerveau qu'un chyle tout élaboré dans le cœur; nous y verrions un principe riche en applications et gros de résultats inattendus.*

Il n'est pas rigoureusement vrai de dire que la mère apprend à parler à son enfant. Elle ne joue qu'un rôle secondaire dans cette partie de l'éducation. Tout enfant apprend la langue de son pays, mais personne ne la lui enseigne. Il s'instruit par tout ce qu'il voit, par tout ce qui se passe autour de lui. Il entend nommer *une table, un chien, une chaise, un chat,* enfin tous les objets qui sont sous ses yeux; et ces noms, souvent répétés en présence des mêmes objets, se lient étroitement aux images que sa mémoire en conserve. A chaque instant il est témoin de scènes que la parole accompagne. Un ordre est donné et il le voit exécuter; on lui dit : *viens, va;* et le geste interprète ces mots. Un fait s'est passé en sa présence, et il l'entend reproduire dans un récit. Il est lui-même loué ou réprimandé, et on lui explique l'objet de la louange ou de la réprimande.

Ce sont les faits présents aux sens ou à l'esprit, ou plutôt ce sont les idées qui interprètent d'abord les paroles. Ensuite les mots qui ont été appris concourent à expliquer ceux qu'on neconnaît pas encore; ceux-ci mènent à d'autres, qui complètent la connaissance de la langue.

Mais ces scènes de la vie, toutes pleines d'intérêt et d'instruction pour l'enfant qui entend, sont mornes et muettes pour le malheureux qui est privé de l'ouïe. Tout ce qui entre dans l'esprit de l'autre par les oreilles, il faut que nous le fassions entrer chez lui par les yeux; tout, jusqu'à la parole; car il peut aussi la voir, en quelque sorte, et dans le jeu des organes qui la produisent et dans l'écriture qui la peint aux yeux. Mais ces mots qu'il lit sur le papier ou dans le mouvement des lèvres, ne reveillent aucune idée dans son esprit. Les noms *table, chaise, chien, chat,* sont à sa vue vides de sens, comme ils le sont à l'oreille d'un Allemand qui ne sait pas le français. Il faudrait qu'il vît écrire les mots en présence des objets et des faits, comme l'enfant ordinaire les entend prononcer; il comprendrait le mot écrit comme l'autre comprend le mot articulé. Il le comprendra également si, par une imitation animée, le geste l'interprète en rappellant à son imagination les faits et les objets qu'il a vus. C'est ce qu'on fait dans les institutions de Sourds-Muets. (*)

(*) Quelle perfection ne faut-il pas dans le langage d'action, quel talent dans l'instituteur, pour rendre sensibles aux yeux non seulement les objets et les actions extérieures, mais les actes moraux et intellectuels, mais les qualités du cœur et de l'esprit, les rapports des idées, toutes les nuances de la pensée, toutes les délicatesses de l'expression toutes les formes du discours; enfin pour traduire en tableaux vivants, et la sublimité imposante de Bossuet, et la pompe harmonieuse de Massillon, et les couleurs si vives, si pittoresques de l'éloquence de Châteaubriand, et les piquantes saillies de la verve de Bérenger.

Faut-il s'étonner qu'il y ait si peu de bons instituteurs de Sourds-Muets, et si peu de Sourds-Muets parfaitement instruits.

Un pauvre Sourd-Muet ne peut avoir auprès de lui un maître ou un ami officieux qui lui écrive les noms de tous les objets qui se présentent à ses regards , et lui rende les paroles qui accompagent ou interprètent les scènes dont il est témoin. S'il est assez heureux pour être admis dans une de ces institutions, où l'art et la méthode suppléent à cette première instruction que l'enfant ordinaire puise dans le spectacle des scènes de la vie sociale et de la nature; il ne peut souvent jouir qu'à demi de cette rare faveur. Au milieu des nombreux candidats qui se présentent pour chaque place gratuite vacante , le plus heureux n'obtient quelquefois son admission qu'après de longues sollicitations. Entrant dans l'école à l'âge de 15 ou 14 ans , il ne porte aux leçons du professeur qu'un esprit, non pas seulement dépourvu d'instruction préliminaire , mais, de plus , engourdi et affaibli par un long sommeil; et quand il s'éveille à la vie intellectuelle, déjà les besoins de la vie physique réclament son temps , ses forces et toute son attention.

Voyons comment il nous sera possible de remédier au dénuement absolu de moyens d'instruction et à l'impuissance d'une instruction trop tardive.

L'art de l'instituteur de Sourds-Muets se compose de deux parties : 1° Le langage d'action , qui peint

---

Je suis loin de vouloir faire entendre que, par ce modeste cours d'instruction élémentaire , on pourra mener d'emblée, le Sourd-Muet à ce haut point d'instruction. Mais en éveillant de bonne heure l'activité de son intelligence, nous le mettrons en bonne route pour y arriver.

les faits aux yeux pour éveiller les idées et interpréter la langue écrite; 2° la méthode, qui enchaîne, rapproche ou groupe ces faits sur une base déterminée.

Or la méthode peut coordonner les faits aussi bien, au moins, dans des exercices sur le papier que dans la leçon *vivante* du professeur.

A l'imitation par gestes on peut substituer l'imitation par le dessin, quelquefois même avec une grande supériorité de précision.

Ce que le dessin ne peut représenter aux yeux, on pourra souvent l'indiquer à l'esprit, tantôt par une vive opposition ou par quelques rapprochements saillants, tantôt par des analogies plus délicates, qui se reproduisant d'une manière uniforme et dans les figures et dans les propositions correspondantes, ne sauraient échapper à l'attention. Enfin les mots appris dans les exercices antécédents se réuniront pour concourir à expliquer ceux qui se refuseraient à toute explication directe par le dessin.

Ce cours élémentaire contiendra environ 3,000 sujets représentés deux fois dans deux séries de planches; les unes avec les noms les autres sans noms, servant seulement à la répétition quand l'élève a étudié les premières. Dans celles-ci chaque sujet est accompagné de sa traduction en un ou deux mots, si s'est un simple objet, et par une ou plusieurs propositions, si c'est un fait complexe à caractériser.

Ces noms et ces phrases sont écrits, non pas sur la page en regard, ni, à plus forte raison, sur le revers du feuillet, comme un instituteur en a eu la malheureuse idée; mais au-dessous et le plus près possible *de la figure , afin que l'image et l'expression nécessairement saisies du même coup d'œil et toujours unies dans une même perception , s'unissent aussi étroitement dans l'entendement.*

Par ce rapprochement de l'image et du mot, le travail qui fixe le mot dans la mémoire ne sera jamais séparé du travail qui lie le mot à l'idée dans l'intelligence; deux opérations trop souvent divisées dans l'instruction ordinaire du Sourd-Muet.

L'élève copiera les noms et les phrases inscrites au dessous des figures ; il les copiera jusqu'à ce qu'il les sache par cœur. Il prendra alors la planche muette correspondante (celle qui ne porte pas les noms des objets représentés) , il écrira ces noms, de mémoire , à la seule inspection des figures , et vérifiera ensuite sur l'autre planche s'ils les a écrits correctement.

Quel sera le rôle de l'Instituteur? — Un simple office de surveillance.

Avant tout il s'assurera si l'élève a reconnu toutes les figures de la planche qu'il va étudier, ce que celui-ci lui fera facilement comprendre par des signes naturels, au moyen desquels il expliquera chacune de ces figures. Si contre toute attente , il commet une méprise, le plus léger signe de tête l'en avertira.

Je n'ai pas besoin de rappeler que tous les Sourds-Muets ont un langage naturel de signes, que personne ne leur apprend, et par lequelle ils se font entendre des personnes qui vivent avec eux. Ce langage n'est que l'imitation des faits. On n'a pas besoin d'étude pour le comprendre, quand il ne représente que des faits simples; et, à plus forte raison, quand ces faits sont peints sous nos yeux.

Cette traduction préliminaire du dessin en langage d'action, est de la plus grande importance. Ce n'est

5

pas assez que l'élève reconnaisse le sujet représenté; il faut aussi qu'il l'envisage sous le point de vue qui fait le sujet de la proposition qu'il doit étudier.

Il est vrai que ces figures sont disposées de façon à laisser rarement jour aux méprises ; mais, malgré toutes les précautions, l'erreur est possible ; et il faut l'empêcher de prendre racine. L'élève trouverait, sans doute, de fréquentes occasions de reconnaître sa méprise ; mais il vaut mieux prévenir une mauvaise habitude de l'esprit que d'avoir à l'extirper plus tard.

Cet exercice aura encore un autre avantage, il hâtera entre le maître et l'élève l'établissement d'un langage au moyen duquel l'élève pourra interroger l'instituteur sur tout ce qu'il aura vu. La complaisance du maître à lui répondre enhardissant sa curiosité, il trouvera une abondante source d'instruction dans tout ce qui se passe sous ses yeux.

Copier et vérifier, voilà le principal travail de l'élève. Provoquer l'attention de l'élève et sa réflexion, fixer son inconstance en le retenant sur la planche qu'il étudie jusqu'à ce qu'il la sache d'une manière imperturbable: tel sera l'office de l'instituteur. On voit qu'il ne demande ni beaucoup de soins, ni beaucoup de temps , ni beaucoup de connaissances.

Il est une partie bien essentielle de l'éducation du Sourd-Muet, qui n'exigeant que de la patience et des soins assidus, doit entrer plus particulièrement dans les attributions maternelles. Je veux parler de l'articulation. C'est de tout l'enseignement, la branche la plus admirée et néanmoins la moins cultivée. Cependant on n'en saurait méconnaître l'importance. Je n'ai pas besoin d'énumérer toutes les circonstances où l'écriture et *la Dactylologie* ne peuvent suppléer à la parole. D'où vient donc qu'on néglige un enseignement dont l'utilité est de tous les jours et de tous les instants ?

L'exercice de l'articulation ne donne pas l'intelligence des mots ; et il est quelquefois pénible aux parents de voir un enfant parler comme un perroquet, sans comprendre ce qu'il dit. Mais cet inconvénient disparaîtra par l'usage de nos exercices. L'enfant en lisant une phrase sous une figure la comprendra sans autre explication. L'enseignement de la parole en deviendra plus agréable et plus fructueux ; il suffira, en grande partie, à l'enseignement de la langue ; d'autant mieux que deux organes concourront à la fois à porter dans l'esprit les mots avec leur valeur. Les progrès seront d'autant plus rapides, que, dans un temps donné, l'exercice de la lecture à haute voix ramènera les mots sous les yeux trois fois plus souvent que ne pourrait le faire l'écriture ni même la *Dactylologie*.

J'ai publié, il y a quelques années, le petit traité de l'abbé de l'Épée sur *l'Art d'enseigner aux Sourds-Muets à parler*. J'y renvoie, pour le moment, les personnes qui voudraient s'occuper de cet enseignement. J'en exposerai les principes à la fin de ce cours, sous une forme plus concise, dans un tableau synoptique, avec des figures qui en faciliteront l'application.

L'enseignement de la parole, je l'ai déjà dit, n'exige ni grand esprit ni grands talents ; mais beaucoup de patience. On n'obtient un succès complet que par un exercice journalier, sous une surveillance continuelle.

Ce n'est qu'au sein de la famille qu'on peut réunir ces deux conditions essentielles, et que l'articulation produira des résultats pleinement satisfaisants. Cette considération ne doit cependant pas la faire négliger dans les institutions nombreuses. Tous les élèves devraient y être exercés à la parole. C'est le complément indispensable de leur éducation. Le Sourd-Muet ouvrier surtout en a essentiellement besoin ; car il est en rapport habituel avec des hommes qui souvent ne savent pas écrire et presque toujours écrivent d'une manière incorrecte, par conséquent inintelligible pour le Sourd-Muet, qui ne lisant qu'avec les yeux ne comprend l'écriture que par l'ortographe.

Le ministre de l'intérieur, empressé d'introduire dans l'éducation des Sourds-Muets toutes les améliorations que réclament l'expérience et la raison, ayant reconnu l'importance de cette branche de l'enseignement, avait affecté une somme de 3,000 fr. pour l'établissement de plusieurs classes d'articulation dans l'institution royale de Paris. Il est à regretter que des besoins bien urgens aient détourné de son emploi cette utile allocation. Peut-être que l'ouvrage que nous publions contribuera à remplir cette lacune. Au moyen des exercices de ce Cours élémentaire on pourrait se dispenser de professeurs pour les deux dernières classes ; elles pourraient être confiées à des élèves - répétiteurs qui surveilleraient le travail de leurs jeunes camarades, sans que ce soin nuisît à leurs propres études. Les professeurs actuels de ces deux classes seraient alors chargés exclusivement de l'articulation. C'est un essai que je propose avec confiance à la sollicitude paternelle du Conseil d'administration.

ALPHABET-MANUEL.

(Pl. 1 et 2.)

L'écriture est composée de caractères élémentaires qui sont les lettres. Nous commencerons par faire connaître les lettres au Sourd-Muet, et nous exercerons sa main à les tracer.

Il ne peut les distinguer par rapport aux sons qu'elles représentent, puisqu'il n'a aucune idée du son; mais il les distinguera par leurs figures. Nous pouvons aussi lui apprendre à les prononcer, en lui faisant observer le jeu des organes de la voix dans l'articulation : ce sera, comme nous l'avons dit, l'objet d'un chapitre particulier, à la fin de ce cours. Il ne s'agit ici que de lui enseigner à les représenter par *l'Alphabet Manuel*.

Pour exprimer un mot par l'Alphabet Manuel, on figure successivement, par des positions convenues des doigts, les lettres qui composent ce mot. On peut reproduire ainsi des phrases entières et tout un discours.

C'est ce qui constitue ce qu'on appelle la *Dactylologie*. Ce n'est qu'une sorte d'écriture fugitive, qui, de même que l'écriture ordinaire, ne peut être employée et ne peut être comprise que par ceux qui connaissent la langue dont on trace ainsi les mots. Il ne faut donc pas confondre la *Dactylologie* avec le véritable langage des gestes. Celui ci est indépendant de tout langage articulé : c'est une pantomine naturelle , une imitation rapide de tout ce qui fait le sujet de l'entretien.

L'*Alphabet Manuel* dispense d'avoir sans cesse la plume à la main. Nous pouvons en faire usage à la promenade, à table, dans une foule de circonstances où nous ne pourrions avoir recours à la plume ni au crayon (*).

Avec l'*Alphabet Manuel* l'instituteur peut commencer à enseigner la nomenclature à son élève avant même que celui-ci sache écrire ; car il est bien plus facile de représenter ainsi les lettres avec les doigts,

____

(*) On m'a reproché de n'avoir pas employé les procédés de l'analyse pour faire connaître les lettres au Sourd-Muet. On voudrait qu'avant tout, il apprît un nombre suffisant de mots, dont on extrairait l'alphabet.

Il me suffit de dire qu'il faudrait un mois et plus pour arriver par ce moyen à la connaissance de l'Alphabet, que le Sourd-Muet apprend ordinairement en quelques heures. Voilà la seule réponse que je ferai à cette critique.

Dans ce cours tout pratique et particulièrement destiné aux mères de famille, je crois devoir m'interdire toute espèce de discussion.

que de les *tracer sur le papier. Deux ou trois heures d'étude suffisent souvent au Sourd-Muet pour apprendre l'Alphabet Manuel.*

La planche 1 étant sous les yeux de l'élève, on lui montre la première lettre, *a*; on lui en fait bien remarquer la forme; on lui fait placer ses doigts comme dans la figure. Si l'enfant est très-jeune, et par conséquent moins susceptible d'attention, on lui fera suivre du doigt le contour de la lettre, en même temps que de l'autre main, il la représentera comme il est indiqué dans la planche. On parcourt ainsi tout l'*Alphabet Manuel;* après quoi il l'étudiera seul, jusqu'à ce qu'il le sache d'une manière imperturbable.

La planche 2 fait connaître les formes différentes des lettres de l'écriture et de l'impression. Quand on montrera au Sourd-Muet une de ces lettres, il faut qu'il la sache représenter par le signe correspondant de l'*Alphabet Manuel.* On ne l'arrêtera pas cependant long-temps à ce dernier exercice; on aura occasion de l'y ramener dans l'étude des tableaux qui accompagnent la planche 5.

N. B. Les lettres j et z se tracent en l'air, le j avec le petit doigt, le z avec l'index.

ÉCRITURE.

(Pl. 3, 4 et 5.)

Pour apprendre à écrire il ne faut que regarder une exemple et l'imiter. Cette étude n'exige que l'action des yeux et de la main; et le Sourd-Muet n'a pas la main moins adroite, ni les yeux moins bons que l'enfant qui entend et parle; sous ce rapport, il n'y a entr'eux aucune différence; mais comme le Sourd-Muet a besoin de savoir promptement écrire, puisque c'est presque toujours la plume à la main qu'il étudie, il est important de lui épargner tout circuit inutile.

Il est pénible à un jeune enfant, de rester courbé sur un papier pendant des heures entières. Cette attitude et surtout cette immobilité sont contre nature à cet âge. Il vaut mieux qu'il écrive debout, sur un tableau noir ; comme cela se pratique dans toutes les institutions de Sourds-Muets.

Ce tableau est ordinairement de bois; on peut se servir aussi d'une toile de peintre, couverte d'un vernis noir. Ce genre de tableau est plus léger, plus portatif, et l'écriture y est plus belle; la toile cédant à la pression du crayon, donne des pleins et des déliés plus nets et plus réguliers. On y trace les lettres avec un crayon blanc ou de la craie.

Je conseille, pour les enfants qui commencent à écrire, d'y faire tirer en rouge sur le modèle de la planche 3,

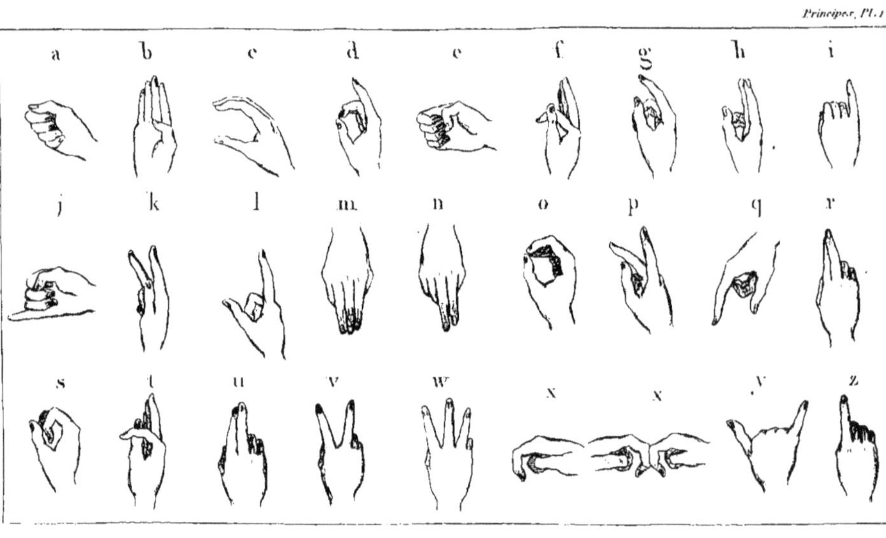

a b c d e f g h i
j k l m n o p q r
s t u v w x x y z

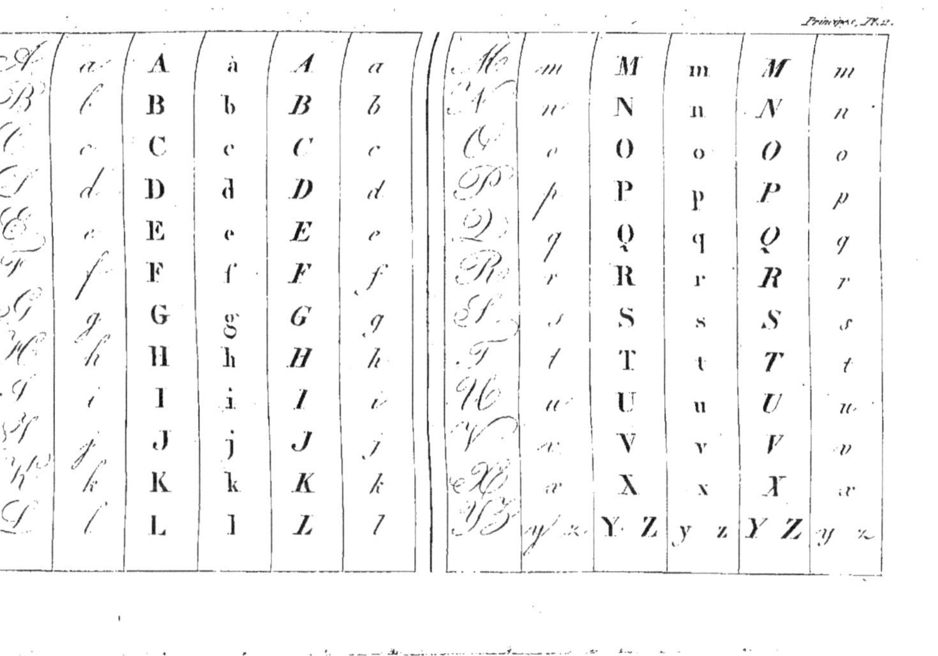

60

abcdefghijklmnop

pqrstuvwxyz

Livre, Canif, Grattoir, Plume, Encrier,

Lettre, Cachet, Cahier, Bureau, Écritoire,

Épée, Sabre, Hache, Scie, Compas

Montre, Clef, Botte, Soufflet, Marteau.

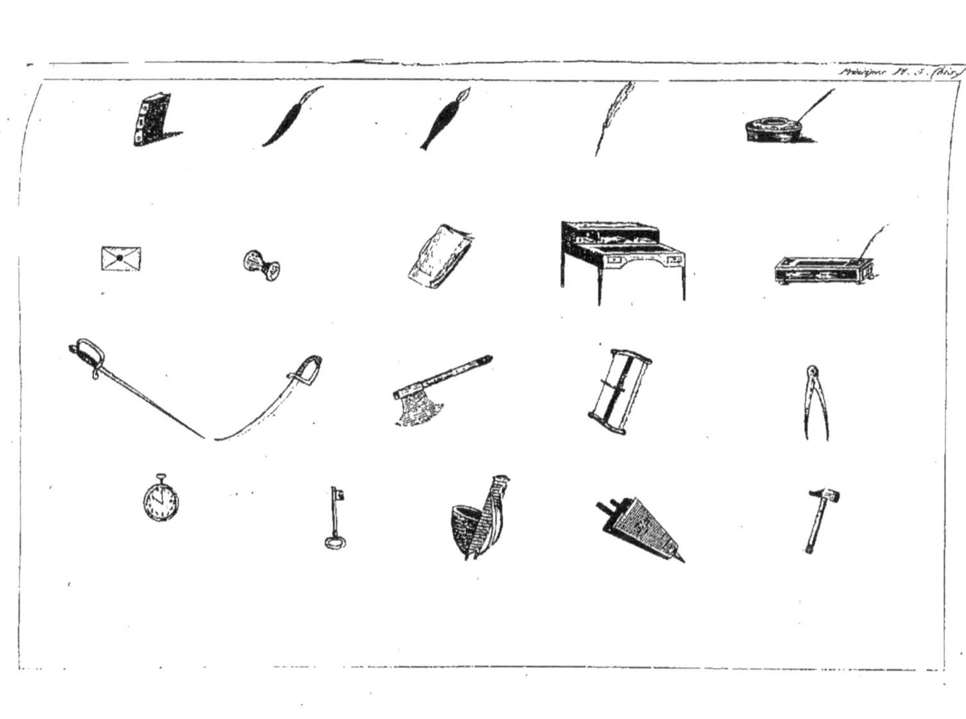

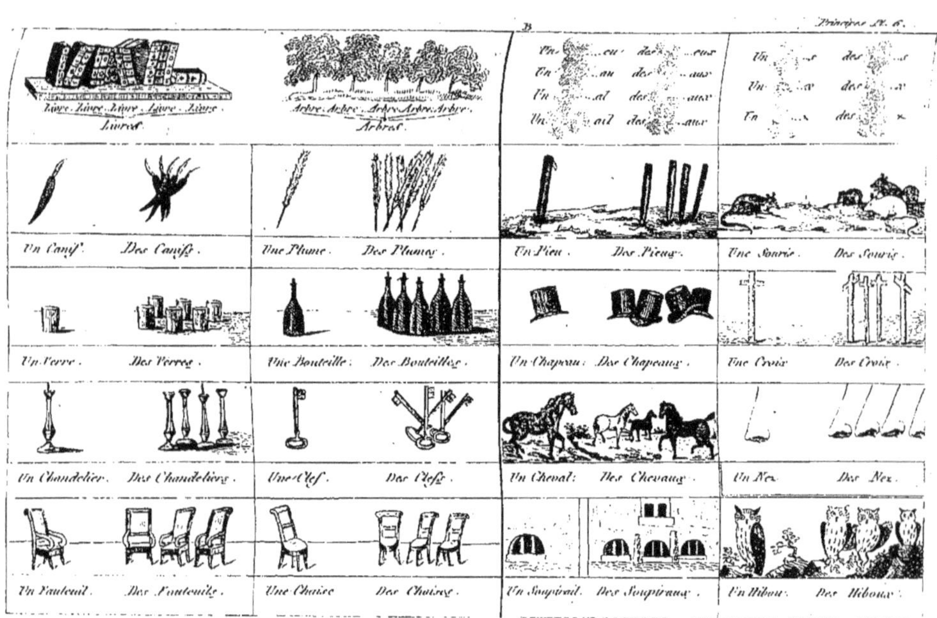
B
Principes Nº 6.
Livre. Livre. Livre. Livre. Livre.
Livres.
Arbre. Arbre. Arbre. Arbre. Arbre.
Arbres.
Un Canif.   Des Canifs.
Une Plume.   Des Plumes.
Un Pieu.   Des Pieux.
Une Souris.   Des Souris.
Un Verre.   Des Verres.
Une Bouteille.   Des Bouteilles.
Un Chapeau.   Des Chapeaux.
Une Croix.   Des Croix.
Un Chandelier.   Des Chandeliers.
Une Clef.   Des Clefs.
Un Cheval.   Des Chevaux.
Un Nez.   Des Nez.
Un Fauteuil.   Des Fauteuils.
Une Chaise.   Des Chaises.
Un Soupirail.   Des Soupiraux.
Un Hibou.   Des Hiboux.

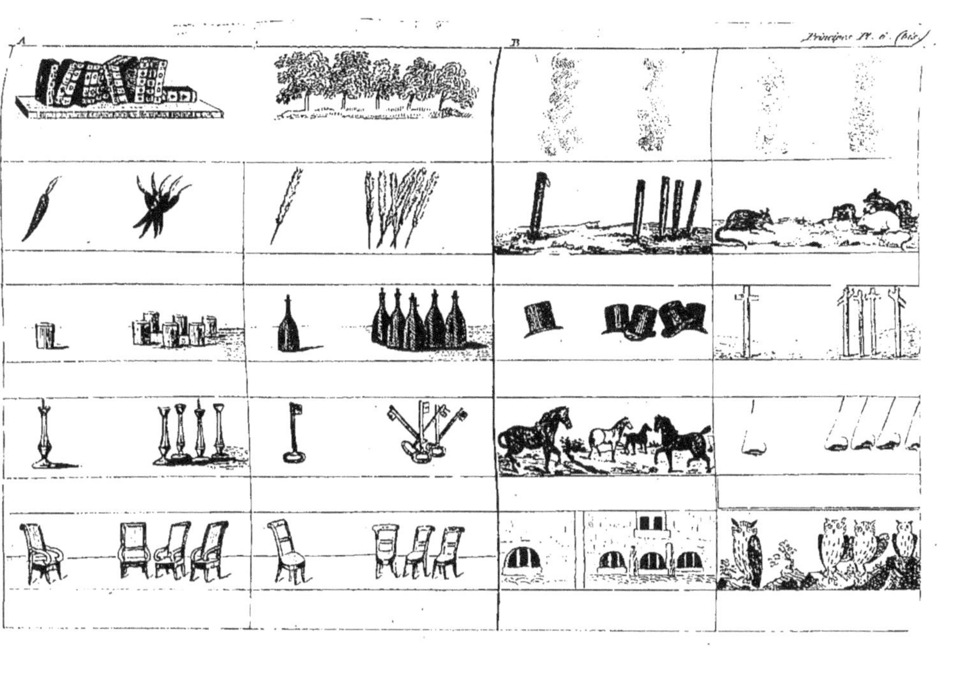

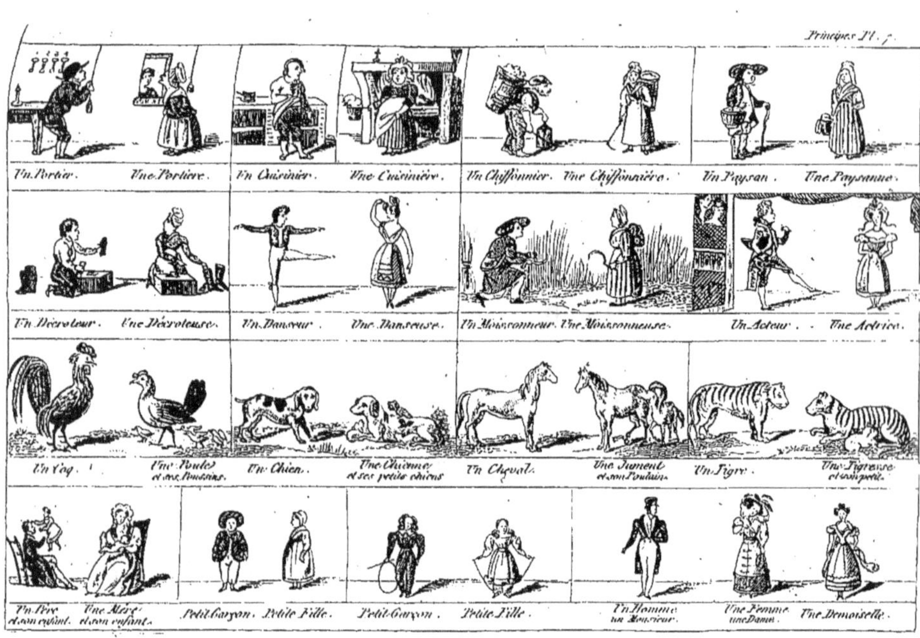
Un Portier.
Une Portière.
Un Cuisinier.
Une Cuisinière.
Un Chiffonnier.
Une Chiffonnière.
Un Paysan.
Une Paysanne.
Un Décroteur.
Une Décroteuse.
Un Danseur.
Une Danseuse.
Un Moissonneur.
Une Moissonneuse.
Un Acteur.
Une Actrice.
Un Coq.
Une Poule et ses Poussins.
Un Chien.
Une Chienne et ses petits chiens.
Un Cheval.
Une Jument et son Poulain.
Un Tigre.
Une Tigresse et son petit.
Un Père et son enfant.
Une Mère et son enfant.
Petit Garçon.
Petite Fille.
Petit Garçon.
Petite Fille.
Un Homme un Monsieur.
Une Femme une Dame.
Une Demoiselle.

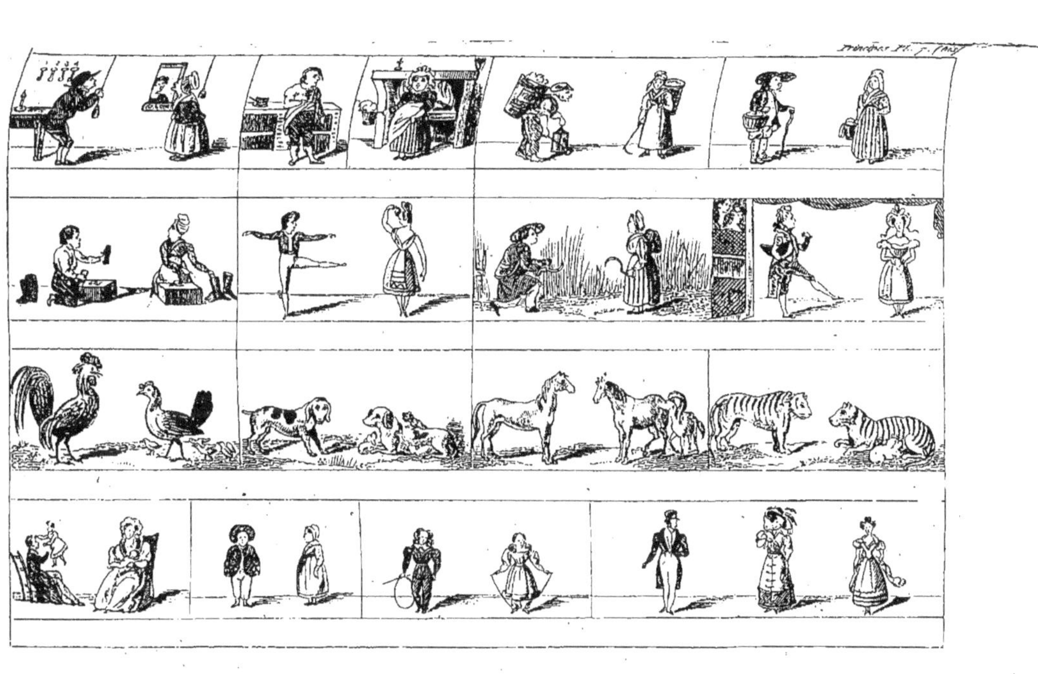

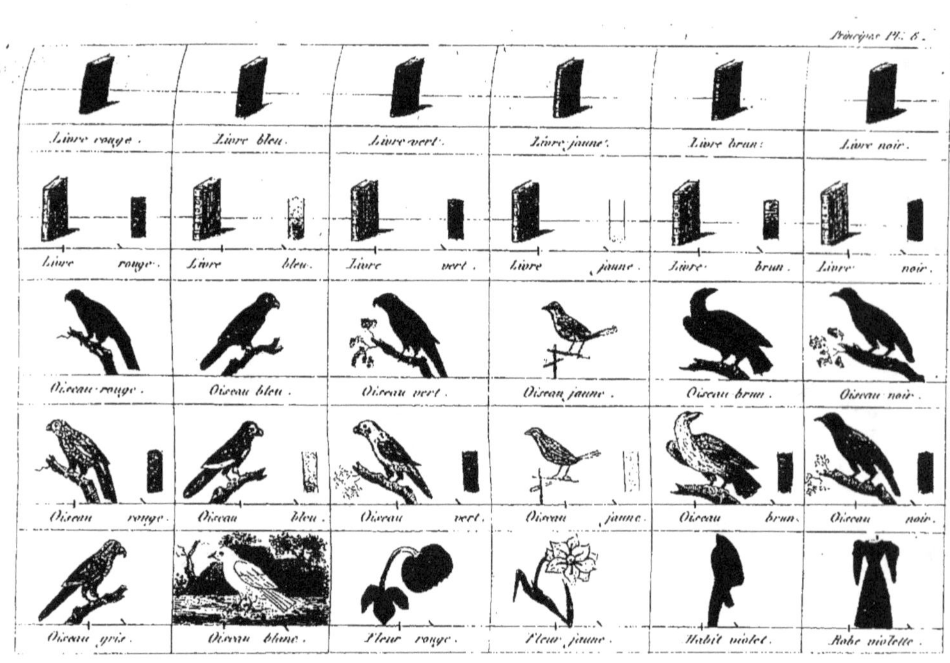

Livre rouge. Livre bleu. Livre vert. Livre jaune. Livre brun. Livre noir.
Livre rouge. Livre bleu. Livre vert. Livre jaune. Livre brun. Livre noir.
Oiseau rouge. Oiseau bleu. Oiseau vert. Oiseau jaune. Oiseau brun. Oiseau noir.
Oiseau rouge. Oiseau bleu. Oiseau vert. Oiseau jaune. Oiseau brun. Oiseau noir.
Oiseau gris. Oiseau blanc. Fleur rouge. Fleur jaune. Habit violet. Robe violette.

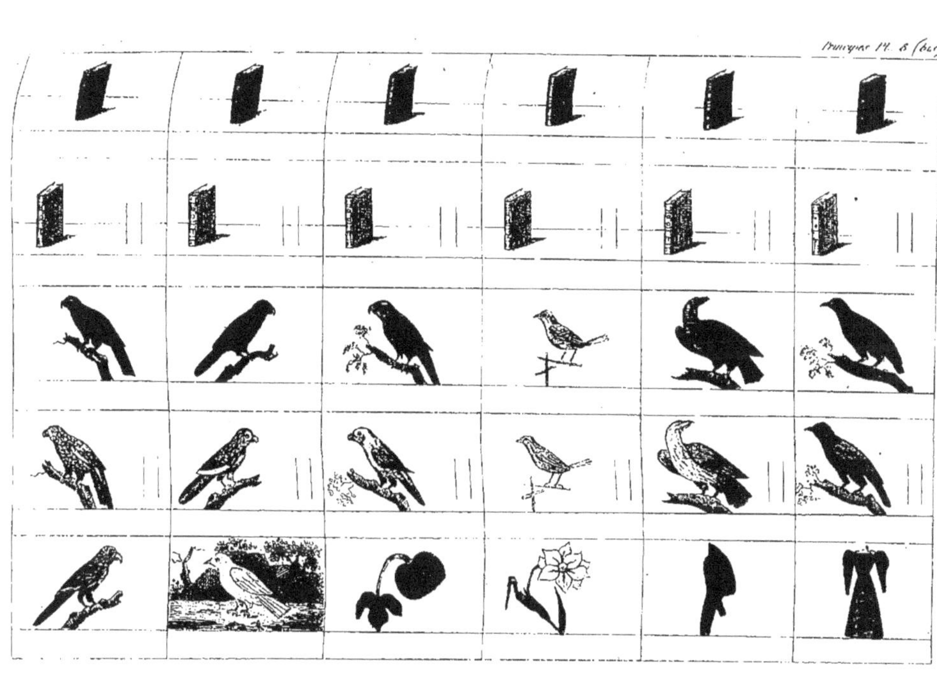

Cet ouvrage composé de 6 à 800 pages in-8° oblong, et d'environ 3,000 figures, paraîtra de mois en mois, en 16 livraisons, les unes de ~~~~ 12 planches, avec 16 ou 24 pages de texte; les autres de 60 à 80 pages de tableaux et texte.

Prix de chaque livraison.   1 f. 50 cent.
     avec figures coloriées.   3
     avec les planches collées sur carton.   2   50
     avec les planches collées sur carton et coloriées.   4
     Un étui contenant 100 sujets collés sur carton avec les noms
     au revers.   1   50

Il faut ajouter pour *port* dans les départements 25 centimes par livraison.

Les Instituteurs qui en prendront plus de 6 exemplaires auront droit à une remise.

FAUTES A CORRIGER DANS LA 1re LIVRAISON.

Avant-Propos, page iv, ligne 5, au lieu de *raison mystérieuse*, lisez *raison cachée*. Page vi, ligne 13, au lieu de *sur lequel on voudrait enfourcher la méthode*, lisez *que l'on voudrait faire enfourcher à la méthode*.